WICCA
Guía para principiantes sobre magia wiccana

Sarah Rhodes

Copyright © 2024 by Rivercat Books LLC

All rights reserved.

No portion of this book may be reproduced in any form without written permission from the publisher or author, except as permitted by U.S. copyright law.

CONTENTS

Introducción: ¿Por qué Wicca?	1
Capítulo 1: Orígenes	6
Capítulo 2: Creencias	13
Capítulo 3: Mitos e ideas falsas	25
Capítulo 4: Elegir un camino	29
Capítulo 5: La rueda del año	35
Capítulo 6: La práctica de la Wicca	47
Capítulo 7: Hacer magia	53
Conclusión	63

INTRODUCCIÓN: ¿POR QUÉ WICCA?

Si estás leyendo este libro, lo más probable es que tengas algún interés en la Wicca. Probablemente estás considerando darle una oportunidad porque tal vez alguien que conoces es un Wiccan, y quieres saber más, o tal vez simplemente te gusta aprender sobre cosas nuevas. En cualquier caso, este libro es el lugar adecuado para empezar.

La Wicca es una maravillosa religión pagana que, en su forma más básica, trata de celebrar el mundo natural que habitamos. Sin embargo, como resultado de una desafortunada tergiversación, a veces puede tener connotaciones negativas. Cuando una persona oye la frase "soy bruja", no es raro que lo primero que piense sea en un círculo de brujas alabando al diablo o en un grupo de adolescentes realizando rituales malignos para maldecir a un ex novio. Algunas brujas pueden hacer esas cosas, y oye, cada cual a lo suyo. Sin embargo, esas brujas no son wiccanas.

La palabra "bruja" puede ser un poco controvertida para algunos wiccanos. Para los fines de este libro, todas las palabras con "w" son bienvenidas. Wicca, bruja, brujo, persona maravillosa. Si quieres aprender sobre la Wicca y la brujería porque creciste viendo series como *Embrujadas* y *Sabrina, la bruja adolescente*, estupendo. Si lees sobre los antiguos celtas y quieres aprender más sobre sus creencias religiosas, fantástico. Si quieres aprender a hacer un hechizo para ganar dinero, también está bien. La Wicca es un viaje personal, y no necesitas justificar tus razones para aprender y practicar ante nadie. Mientras tus intenciones sean buenas, puedes practicar por las razones que quieras.

Hablando de brujas adolescentes, se ha producido algún cambio en la imagen relacionada con la palabra "wiccana". Algunas personas se han dado cuenta de que las wiccanas no son viejas asustadizas con narices puntiagudas y han pasado a una imagen más contemporánea de las damas mágicas. Las que llevan faldas vaporosas y piercings en el ombligo. Desde las hermanas Halliwell y su Libro de las Sombras hasta Buffy y Willow utilizando la brujería para librar al mundo de los vampiros, las brujas jóvenes y elegantes estaban de moda en las décadas de 1990 y 2000. Aunque se trata de un cambio de percepción respecto a las viejas malvadas, no supone una gran mejora en términos de precisión.

Hay wiccanos de todas las formas, tamaños, géneros e intereses. Hacen diferentes elecciones de vida y estilo, y todos son válidos en su práctica. Dado que la Wicca no es una religión organizada -es decir, no hay un único líder o texto sagrado- no existe una idea unificada de quién puede y debe practicar el arte. Esto significa que todos los wiccanos pueden elegir presentarse de forma diferente unos de otros, y pueden elegir practicar de diferentes maneras. Algunos practican solos, otros con un aquelarre. Algunos practican en público, otros en privado. Algunos eligen expresar la Wicca a través de su moda, otros a través de su arte, y otros en su hogar. Todo es personal. Por supuesto, hay directrices y sugerencias dentro de la religión que ayudarán a la gente a tomar estas decisiones.

Beneficios de la Wicca

Practicar la Wicca -en cualquier capacidad- tiene un montón de beneficios diferentes que pueden tener un impacto positivo en varios aspectos de tu vida. En general, explorar cualquier tipo de espiritualidad tiene muchos beneficios, y la Wicca es una forma fácil y divertida de obtenerlos.

Un beneficio general que aparece muy pronto en la práctica de la Wicca es la mejora del bienestar mental. La atención plena, la relajación y la meditación son una gran parte del ritual y la práctica Wicca que, obviamente, puede hacer maravillas para su estado de ánimo y el estado general de ser. Dedicar algo de tiempo de tu día a meditar y centrarte en tu práctica puede ser una gran manera de sacudirte cualquier tensión que se apodere de tu cuerpo o pensamientos negativos que se cuelen en tu cerebro. Si lo estás pasando especialmente mal, tener una distracción o una tarea en la que concentrarte puede alejar tu mente de lo que te esté causando estrés o tristeza.

En una línea similar, practicar la Wicca es la excusa perfecta para salir al exterior y explorar tu entorno natural en cualquiera de sus formas. Desconecta de la tecnología y reconecta con la naturaleza. Busca hierbas o plantas que puedas utilizar en tus rituales, absorbe la energía del sol y respira aire fresco. La Wicca consiste en expresar amor por nuestro mundo natural, algo que puede olvidarse fácilmente en el ajetreo de la vida cotidiana. Además, participar en cualquier tipo de práctica ritual que requiera cierto nivel de planificación es una forma estupenda de estructurar el día. Tener una rutina diaria -tan sencilla como encender una vela al empezar el día o tan compleja como preparar una ofrenda al Señor y a la Señora después de meditar al amanecer- te dará una sensación de estabilidad y estructura.

El aspecto performativo del lanzamiento de hechizos y rituales de trabajo puede servir como un importante refuerzo de la confianza. Cuando estás realizando un ritual o recitando un hechizo, tienes el control, algo que quizás no experimentas mucho en otros aspectos de tu vida. La necesidad de hablar en voz alta durante los rituales es una gran práctica para hablar en público, y al comunicarse con sus deidades, usted puede practicar sus habilidades de comunicación en general para la vida fuera del altar. Si no sueles controlar el flujo de las conversaciones en tu vida diaria, puedes aprovechar este momento para sentirte al mando. Por supuesto, debes tener cuidado de no sentirte demasiado cómodo con el poder. Como con todas las cosas en la Wicca (y en la vida), asegúrate de encontrar el equilibrio. El aspecto creativo de la Wicca es una gran manera de flexionar tus músculos artísticos y encontrar nuevas formas de expresar tu individualidad. Desde la escritura creativa en el trabajo con hechizos, el diseño de interiores al montar tu altar, dibujar dentro de tu Libro de las Sombras, o usar la artesanía para inspirar tu estética personal, hay tanto potencial creativo que puedes aprovechar al formar tu práctica personal.

Introducir la Wicca en tu vida viene acompañado de una comunidad de apoyo formada por otras personas que practican esta religión. Tanto si los encuentras en persona como en línea, tus compañeros wiccanos estarán ahí para guiarte y apoyarte en tu práctica y en tus luchas. Finalmente, la Ley Triple, de la que hablaremos en el Capítulo 2, es una gran razón para practicar la bondad, la calma y la compasión en tu vida diaria.

Estos elementos, además de muchos otros, tienen un efecto inconmensurablemente positivo en ti y en los que te rodean, y son sólo algunos de los beneficios que conlleva introducir la Wicca en tu vida.

Qué esperar de este libro

Vamos a cubrir mucho terreno en este libro, pero no esperes salir al final siendo capaz de predecir el futuro o hacer flotar un objeto con sólo mirarlo. La magia wiccana es una habilidad, y como cualquier habilidad, requiere comprensión y práctica. Este libro te dará todas las herramientas básicas que necesitas para empezar.

Los dos primeros capítulos abarcarán lo más básico: dónde, cuándo y cómo empezó la religión y las creencias básicas de la Wicca. El capítulo 3 abordará algunos conceptos erróneos comunes sobre la práctica y te ayudará a derribar algunos mitos. A continuación, en el Capítulo 4, nos basaremos en estos elementos básicos y examinaremos más de cerca las diferentes maneras en que uno puede elegir practicar la Wicca.

El capítulo 5 desglosa las fechas clave que los wiccanos observan a lo largo del año, lo que representan y cómo puedes utilizar tu fe para observar y celebrar estas fechas.

Por último, los capítulos 6 y 7 te darán información práctica sobre cómo llevar tu fe y tu práctica más allá. Repasaremos las diferentes herramientas que se utilizan en la práctica wiccana y la magia ritual, el Libro de las Sombras (sí, *Embrujadas* acertó en eso) y los altares wiccanos. También cubriremos las habilidades clave necesarias para practicar la magia, como la visualización y la conexión a tierra. Si te apetece, incluso puedes probar a hacer un hechizo o un encantamiento ritual.

Por encima de todo, puedes esperar salir de este libro con una clara comprensión de las creencias wiccanas y la magia wiccana. Comencemos.

Si no hacéis daño a nadie, haced lo que queráis.

CAPÍTULO 1: ORÍGENES

Cuando se habla de los orígenes de la Wicca -cómo, cuándo, por qué, etc.- a veces se encuentra gente que dice que es una práctica que se remonta a siglos atrás. Otras veces, la gente dirá que empezó en el siglo XX. Entonces, ¿cuál es?

La verdad es que es un poco de las dos cosas.

Los componentes básicos de la Wicca, como la moral principal y los rituales mágicos, proceden de creencias y prácticas religiosas que se remontan a miles de años atrás, mucho antes de que el cristianismo se estableciera como religión (o ni siquiera se pensara en ello). Sin embargo, la Wicca, como religión estructurada y reconocida, no empezó a tomar fuerza hasta finales del siglo XIX y principios del XX, cuando el movimiento ocultista británico empezó a cobrar fuerza. De hecho, la palabra "Wicca" no se inventó hasta mediados del siglo XX.

Sin embargo, antes de entrar en la historia de la religión, aclaremos algo. No todas las brujas son wiccanas, y no todas las wiccanas son brujas. Las brujas existían antes de que se estableciera la Wicca, y una persona puede ser bruja pero no suscribir los ideales de la Wicca. También hay otras religiones paganas que no tratan con brujería o magia de ningún tipo. La gente a veces usa las palabras "Wicca", "bruja" y "pagano" indistintamente, pero no son lo mismo. De hecho, la palabra "wicca" no se acuñó hasta 1954. Por lo tanto, es importante señalar que cualquier estudio o mención de la brujería antes de mediados del siglo XX no está directamente relacionado con la Wicca. Las dos están relacionadas, por supuesto, pero no son lo mismo.

Más adelante entraremos en una distinción más detallada entre las denominaciones de bruja y wiccano, pero es importante señalar que, antes de la década de 1950, la mayoría de la gente todavía pensaba en una bruja como el tipo de persona "magia negra, quemarla en la hoguera", y estas brujas no murieron todas durante los juicios por brujería. Téngalo en cuenta a medida que avancemos. A efectos de este libro, un wiccano es alguien que practica el ritual de la magia y suscribe una serie de creencias y filosofías clave, mientras que una bruja es alguien que sólo practica la magia.

Ahora, un poco de historia.

Mucho después de la Edad Media

Mucha gente atribuirá la organización de la Wicca a un hombre llamado Gerald Gardner. Aunque esto es cierto en su mayor parte, la persona a la que probablemente debería atribuirse el mérito del nuevo interés moderno por la brujería es la Dra. Margaret Murray, una antropóloga, egiptóloga, arqueóloga, folclorista e historiadora anglo-india. En 1921 Murray escribió *The Witch-Cult in Western Europe*, que era un estudio basado en los informes de los juicios por brujería. Era la primera vez que un erudito de renombre abordaba el tema de la brujería con una mirada imparcial. Hasta ese momento, la mayoría de las obras escritas sobre el tema parecían suscribir la creencia cristiana primitiva de que la brujería en cualquiera de sus formas era un tipo de herejía. *El culto a las brujas en Europa occidental* postulaba la idea de que la brujería no era en realidad una forma de herejía cristiana, sino la práctica de un antiguo culto pagano a la fertilidad anterior al cristianismo y que sobrevivió a la purga antipagana de la Edad Media. Fue la investigación de Murray la que daría paso al interés de Gardner por la brujería.

En la década de 1940, Gardner -que ahora tiene sesenta años y ha vivido una vida extremadamente viajada- estudiaba las prácticas ocultas del pasado y del presente. En aras de la claridad, "ocultismo" se refiere aquí a "asuntos que se considera que implican la acción o la influencia de poderes sobrenaturales o sobrenormales o algún conocimiento secreto de los mismos". A raíz de este nuevo interés por la brujería y el ocultismo, Gardner descubrió que su abuelastra -la segunda esposa de su abuelo- era conocida, al menos por su reputación, como bruja, y que él tenía un antepasado llamado Gizell Gairdner que fue quemado por brujo en el año 1640. Gracias a este vínculo familiar, Gardner se inició en un aquelarre existente en Christchurch, una ciudad del Reino Unido.

Es importante tomarse un segundo para reconocer que los aquelarres y las brujas practicantes ya existían antes de la época de Gardner, incluso antes de la de Murray. Como hemos señalado antes, las brujas han existido durante siglos, y aunque los cristianos intentaron aplastar la religión en la Edad Media (hasta alrededor de 1750), las tradiciones y prácticas -arraigadas en la magia popular- perduraron. Simplemente pasaron a la clandestinidad. Las tradiciones las transmitían los miembros de la familia, y a estas brujas practicantes se las llamaba "brujas fam trad". Las brujas fam trad siguieron practicando su oficio en los siglos XVIII y XIX y serían la base de estudios e investigaciones como la del Dr. Murray. Por lo tanto, los aquelarres de brujas practicantes pueden no haber sido un hecho popular, pero no habrían sido imposibles de localizar.

A mediados de los años cuarenta, Gardner estaba convencido de que demasiada gente seguía pensando que las brujas eran mujeres malvadas que adoraban al diablo. Aunque los trabajos del Dr. Murray habían ganado una buena cantidad de atención, no eran exactamente los libros más vendidos. El publico en general no hubiera cogido *El Culto de la Bruja en Europa Occidental* para una lectura facil a la hora de dormir. Gardner quería que todo el mundo supiera que las brujas no son mujeres malvadas ni estafadoras, sino un grupo de personas con un profundo respeto por la naturaleza, la tradición y el folclore. Sin embargo, en esa época aún estaba vigente la Ley de Brujería de 1735. Se trataba de una ley parlamentaria británica que afirmaba que seguía siendo un delito que alguien dijera que tenía poderes mágicos, y los condenados serían sentenciados a una pena máxima de un año de cárcel. Por lo tanto, no era de extrañar que el resto del aquelarre de Gardner no estuviera muy entusiasmado con la idea de que todo el mundo supiera lo que estaban haciendo. Su forma de evitarlo fue escribir una novela histórica titulada *High Magic's Aid* (publicada en 1949) que esencialmente explicaba todo lo que tramaban las brujas modernas, pero enmarcado como ficción. Esta fue la puntilla de Gardner en la piscina de la escritura mágica que eventualmente conduciría a la organización de lo que ahora llamamos Wicca.

Especial K

Hablando de magia, ¿a qué viene esa 'k'? La palabra 'magick' fue acuñada por Aleister Crowley, otra persona clave en la historia de la Wicca, pero también bastante problemática. Crowley fue un ocultista, poeta y escritor inglés (entre otras muchas cosas), que acuñó la palabra "magick" para distinguir su trabajo de los trucos de prestidigitación que utilizaban los magos de escenario. Magick indicaría un poder verdadero que se obtenía de lo divino y lo místico, no un trabajo de ilusión. Aunque realizó un trabajo formidable en el ámbito del misticismo y el ocultismo, también defendió algunas creencias problemáticas. Crowley era conocido por ser misógino y racista, y gran parte de su obra se inclinaba hacia tendencias satanistas. Gardner conoció a Crowley en 1947, y los escritos de Crowley tendrían una gran influencia en los escritos de Gardner y el trabajo posterior en la magia wiccana, con Gardner incluso incluyendo algunos de los rituales de Crowley en sus propias prácticas.

De todos modos, volvamos a Gardner y su creciente arte. Tomando las cosas que había aprendido de los escritos de Murray, las prácticas que había recogido de su aquelarre original, y los rituales y enseñanzas que adoptó de Crowley, Gardner comenzó a encadenar todo esto en una nueva práctica que llamó Wicca. En 1951, la Ley de Brujería de 1735 fue derogada, lo que significaba que ya no habría repercusiones legales para cualquiera que afirmara ser una bruja (o fuera acusado de serlo). Gardner aprovechó esta oportunidad para promover la brujería escribiendo dos libros más que ahora se presentaban como hechos reales y no como ficción. Su práctica fue rápidamente denominada Wicca Gardneriana y es un estilo de Wicca que todavía se practica hoy en día. También habló a menudo con la prensa sobre su trabajo y apeló al público a aprender más sobre la Wicca y la brujería, haciendo hincapié en que no era en absoluto una práctica maligna o satánica. Todos estos escritos y conversaciones con la prensa atrajeron la ira de las brujas fam trad. No sólo se oponían al estilo de brujería de Gardner, que combinaba prácticas ocultas y tradiciones populares, sino que tampoco les impresionaba su aparente deseo de llamar la atención.

La verdad es que Gardner tenía 67 años en ese momento, y muchos de sus compañeros brujos y wiccanos eran de su edad o mayores. Le preocupaba que la nueva religión se extinguiera con ellos e intentaba desesperadamente atraer a los jóvenes que pudieran estar interesados en adoptar la práctica y mantenerla. Está claro que funcionó, de lo contrario no estarías leyendo este libro ahora mismo.

Groovy, Baby

A medida que la Wicca ganaba popularidad entre los jóvenes británicos, también cruzaba el charco. A Raymond Buckland se le atribuye el mérito de haber llevado la Wicca gardneriana a Estados Unidos, junto con su esposa Rosemary. Buckland es un autor y wiccano que ha escrito extensamente sobre temas de wicca y brujería. De hecho, si buscas un relato muy detallado sobre la historia de la brujería y cómo evolucionó hasta convertirse en Wicca, su libro *Witchcraft from the Inside* es una lectura muy recomendable. Buckland es originario de Londres, pero justo antes de trasladarse a los EE.UU. en 1962, se convertiría en el primer iniciado de Gardner en practicar fuera del Reino Unido. Gardner fallecería dos años después. Las décadas de 1960 y 1970 vieron crecer la popularidad de la Wicca entre los nuevos wiccanos de todo el mundo. Las feministas de la segunda ola también tuvieron un impacto duradero en la religión, dando paso a un mayor enfoque en el culto a la Diosa y a lo divino femenino. La religión posmedieval -sobre todo el cristianismo- era muy patriarcal, por lo que el reconocimiento de una deidad femenina fue bien recibido y fomentado. La década de 1970 también fue testigo del auge de la llamada "Wicca ecléctica", en la que los wiccanos combinaban una mezcla de rituales y creencias de distintas prácticas para adaptarlos a su propio camino, de forma muy parecida a lo que había hecho el propio Gardner 20 años antes. De hecho, la Wicca Gardneriana estaba cayendo ligeramente en desgracia en ese momento, y diferentes caminos estaban empezando a formarse lentamente. Discutiremos estos diferentes caminos en un capítulo posterior.

Pero no todo fue feminismo y felicidad. A medida que la brujería y la Wicca crecían en popularidad y visibilidad, atraían una atención innecesaria. Parte de esta atención llegó en forma de cultura pop, ya que autores y directores incluyeron la brujería con más frecuencia en sus obras, a veces sin hacer la investigación adecuada. Un buen ejemplo de ello es el libro convertido en película *Rosemary's Baby (El bebé de Rosemary)*, estrenada en 1967 y 1968, respectivamente. En la historia, Ira Levin incluyó personajes que se identificaban como brujas, aunque los rituales que practicaban eran más parecidos al culto satánico que a la brujería real. Desgraciadamente, el libro y la película no retrataban con exactitud la brujería, lo que provocó un aumento de la mala prensa sobre las brujas y los wiccanos. Esto dio lugar a dos cosas: la primera es que algunos personajes más desagradables empezaron a identificarse como brujas y wiccanos sin suscribirse a las creencias wiccanas, y la segunda es que los wiccanos que realmente seguían el oficio volvieron a ser vistos como malhechores y adoradores del diablo.

¿Y hoy?

A pesar de ello, la religión wiccana siguió -y sigue- creciendo. A finales del siglo XX, varias iglesias y aquelarres wiccanos habían sido reconocidos legalmente como organizaciones religiosas sin ánimo de lucro. Sacerdotes y sacerdotisas wiccanas estaban presentes en instituciones como prisiones, y más individuos encontrarían la iluminación en su propio camino. La distinción entre brujos y wiccanos sigue siendo algo borrosa, pero para reiterar: no todos los brujos son wiccanos, y no todos los wiccanos son brujos. Algunas personas practican la brujería y se adhieren a la religión de la Wicca, y algunos wiccanos siguen las creencias religiosas pero no practican los rituales ni los hechizos. El resto de este libro se centrará tanto en los aspectos religiosos como mágicos de la Wicca, y como lector, eres bienvenido a adoptar ambos, o sólo uno, o ninguno. Todo depende de ti.

CAPÍTULO 2: CREENCIAS

Como cualquier otra religión, la Wicca gira en torno a un conjunto de creencias fundamentales que informan los rituales, las prácticas y la vida cotidiana de los wiccanos.

La Diosa y el Dios

La Diosa y el Dios reciben muchos nombres diferentes. Puedes oír que se refieren a ellos como el Señor y la Señora, las Deidades, el Dios Sol y la Diosa Triple, por nombrar sólo algunos. En esencia, los wiccanos creen en una deidad dual que es mitad Diosa y mitad Dios. Es importante señalar que creer en una deidad no significa necesariamente creer que hay un hombre antiguo en el cielo que nos controla y juzga todo lo que hacemos. El concepto de Dios o Diosa puede describirse como un misterio del ser que trasciende todas las demás cosas. Colocar este "misterio del ser" en una deidad -en este caso la Diosa y el Dios- simplemente nos da un lugar al que dirigir nuestras creencias y nuestra energía.

Al ser una deidad dual, la Diosa y el Dios son dos mitades de un todo. Existen por separado, pero funcionan en armonía. Una no puede existir sin la otra, como el yin y el yang o el día y la noche. Los wiccanos creen que la deidad es la fuerza original femenina y masculina que hace posible toda la vida y que, por lo tanto, está presente en todas las personas y en todas las cosas.

La Diosa está relacionada con el poder de la luna y, al igual que la luna tiene tres fases, la Diosa tiene tres caras: la Doncella, la Madre y la Anciana. El Dios, por su parte, está relacionado con el poder del sol y también tiene tres caras: el Hombre Verde, el Dios Cornudo y el Sabio. A lo largo del año, la Diosa y el Dios sufren transformaciones y nos guían -a unos y a otros- en nuestras propias transformaciones personales.

La doncella

La Doncella está relacionada con la luna creciente. Representa los nuevos comienzos y las nuevas direcciones. La Doncella está llena de esperanza, optimismo e ingenuidad, propias de la juventud y la inexperiencia. Tiene opciones por delante y está llena de ilusión por lo que está por venir.

La madre

La Madre está relacionada con la luna llena. Representa la existencia en su estado más fértil en todos los aspectos de la vida, incluidos la mente, el cuerpo y el espíritu. La Madre está llena de creatividad, sexualidad y estabilidad. Cuida a los que la rodean, ya sean seres humanos, animales o plantas. Fomenta el crecimiento.

La Arpía

La Arpía está relacionada con la luna nueva, a veces también llamada luna oscura o menguante. Representa la experiencia, la sabiduría y el conocimiento. Ha vivido, se ha nutrido y ha tomado decisiones, y ahora está en posición de reflexionar y aconsejar. La Arpía puede ver tanto el pasado como el futuro y se encuentra en el umbral de un final y de un nuevo comienzo.

El hombre verde

El Hombre Verde es sinónimo de crecimiento y promesa. Es joven y representa la primavera, tiempo de renacimiento. Está lleno de entusiasmo por el viaje que tiene por delante y por las decisiones que va a tomar.

El Dios Cornudo

El Dios Cornudo representa la fertilidad, la virilidad y la fuerza. Está lleno de determinación y dispuesto a poner en práctica sus ideas por todos los medios.

El sabio

El Sabio, al igual que la Arpía, representa la sabiduría, el conocimiento y la experiencia. El Sabio es un mentor para los que le rodean, y ofrece tiempo para la reflexión y la consideración antes de emprender de nuevo un nuevo viaje.

El poder de la naturaleza y los elementos

Creer en el poder y la divinidad de la naturaleza está en la raíz de todas las creencias paganas y, por tanto, también en la raíz de la Wicca. Como ya se ha explicado, la Wicca afirma que la Diosa y el Dios fueron las fuerzas originales que crearon la vida y están presentes en todas las cosas. Eso significa que todas las cosas, grandes y pequeñas, son manifestaciones físicas de la deidad y son, a su vez, sagradas y deben ser tratadas como tales. Se cree que la Diosa dio origen a todas las cosas y las recibe de nuevo en la muerte.

A esta creencia se añade el conocimiento de que, antes de que llegaran la Revolución Industrial y la era de la Ilustración y cambiaran el modo de vida de tanta gente, nuestros antepasados sólo contaban con la naturaleza para guiarse en su vida cotidiana. Desde la navegación y el refugio hasta la comida y la medicina, pasando por la luz y el calor, las civilizaciones antiguas tenían que aprovechar el poder de la tierra para sobrevivir. En pocas palabras, los humanos y la naturaleza trabajaban en tándem para mantenerse mutuamente felices y sanos. Aunque en la vida contemporánea la tecnología ha hecho que nuestra dependencia de la naturaleza sea mucho menos urgente, los wiccanos siguen creyendo en el trabajo en tándem con la naturaleza no sólo para sobrevivir, sino para prosperar.

Si la deidad está presente en la naturaleza, entonces la naturaleza tiene el poder divino de guiarnos a través de nuestras vidas. Este poder no sólo debe ser respetado y cuidado, sino utilizado y energizado a través de nuestras prácticas wiccanas.

Esta energía divina que se extiende por toda la tierra puede dividirse en cuatro elementos principales: fuego, tierra, aire y agua. Los wiccanos recogen estos elementos para dar poder a sus rituales y para informar su práctica. Los wiccanos también reconocen la existencia de un quinto elemento, el elemento del espíritu. Estos elementos trabajan juntos para crear la vida que nos rodea. Al igual que la Diosa y el Dios, los elementos existen por separado, pero trabajan juntos. Una vez más, uno no puede existir sin el otro. Si desapareciera un solo elemento, el mundo tal y como lo conocemos dejaría de existir. Todos los elementos poseen su propia energía única que puede ser cosechada y traída a la magia de un Wiccan.

Fuego

El fuego representa la pasión y el valor. Tiene una energía de avance y transformación. Es masculino, feroz y fuerte. A veces también puede representar la ira y el peligro. El fuego se utiliza en rituales y hechizos para representarse a sí mismo.

Tierra

La Tierra, como elemento, es femenina, sólida y estable. Está en todo lo que nos rodea. Todo lo que podemos ver, tocar, saborear y oler contiene algo de tierra. Para representar la tierra en sus rituales, los wiccanos utilizan piedras, cristales y sal.

Aire

El Aire representa la creatividad y la comunicación. Es ligero, cambiante y masculino. Representa nuestra voz o nuestros pensamientos más íntimos, así como el arte y la pasión creativa. En los rituales, el aire se representa con plumas o incienso.

Agua

El agua representa los sueños y las visiones. Es mística, femenina, purificadora y curativa. Al igual que el fuego, el agua también tiene una energía de avance y transformación, pero es mucho más lenta y controlada. El agua se utiliza en los rituales para representarse a sí misma.

Espíritu

El elemento del espíritu no adopta una única forma. Es un elemento personal que representa el elemento divino en el mundo. Equilibra y conecta los otros cuatro elementos y es representado en rituales y hechizos por los propios wiccanos.

La Rede Wicca

La Rede Wiccan es un conjunto de códigos morales que los wiccanos siguen tanto en su práctica religiosa como en su vida cotidiana. Puede encontrarse en forma de un largo poema, y los wiccanos suelen escribirla al principio de su Libro de las Sombras (del que hablaremos en el capítulo 5). Los orígenes de la Rede son algo controvertidos. Algunos creen que la escribió Gerald Gardner, pero la primera versión de la que se tiene constancia se atribuye a Doreen Valiente, miembro del aquelarre de Gardner, en 1964. También se cree que la versión completa -conocida como la Larga Redención- fue escrita en realidad en 1974 por una mujer llamada Phyllis 'Gwen' Thompson. La versión completa de esta Larga Redención está más abajo, pero generalmente se considera que la Redención Wiccana es sólo la línea final de este poema.

Cumplir las Leyes Wiccanas debemos En Perfecto Amor y Perfecta Confianza.

Vive y deja vivir. Toma y da justamente.

Lanza el Círculo tres veces para mantener alejados a los espíritus malignos.

Para atar el hechizo cada vez deja que el hechizo sea pronunciado en rima.

Suave de ojos y ligero de tacto, habla poco, escucha mucho.

Deosil ir por la luna creciente, cantando en voz alta la runa de las brujas.

Los Widdershins van junto a la luna menguante, cantando la runa maldita.

Cuando la luna de la Señora sea nueva, bésale la mano, multiplicado por dos.

Cuando la luna cabalga en su apogeo, entonces el deseo de tu corazón buscar.

Presta atención al poderoso vendaval del viento del Norte, cierra la puerta y arria la vela.

Cuando el viento venga del Sur, el amor te besará en la boca.

Cuando el viento sople del Oeste, las almas difuntas no tendrán descanso.

Cuando el viento sopla del Este, espera lo nuevo y prepara la fiesta.

Nueve maderas en el caldero van, se queman rápido y se queman despacio.

Anciano sea el árbol de la Señora, no lo quemes o maldito serás.

Cuando la Rueda empiece a girar, que ardan los fuegos de Beltane.

Cuando la Rueda se haya convertido en Yule, enciende el tronco y el Cornudo gobernará.

Cuidado, flor, arbusto y árbol, por la Señora, bendita sea.

Donde van las aguas ondulantes, arroja una piedra y la verdad conocerás.

Cuando tengáis una verdadera necesidad, no escuchéis la codicia de los demás.

Con un necio no pases temporada, no sea que seas contado como su amigo.

Feliz encuentro y alegre despedida, brillantes las mejillas y cálido el corazón.

Ten en cuenta la Ley Triple, tres veces mala y tres veces buena.

Cuando la desgracia sea suficiente, lleva la estrella azul en tu frente.

Sé siempre fiel en el amor, no sea que tu amante te sea falso.

Ocho palabras que cumple la Rede Wiccan: Si no hacéis daño a nadie, haced lo que queráis.

Si no hacéis daño a nadie, haced lo que queráis

Esta frase es el código moral por el que se rigen todos los wiccanos. A primera vista, podría entenderse como la traducción de "no hagas daño". Si bien esto es cierto, no es el verdadero objetivo de la Rede Wicca. Por supuesto, no hacer daño, ni a uno mismo ni a los demás, es un componente clave de la Wicca. Debería ser un componente clave en la vida de la mayoría de la gente. Sin embargo, la palabra que verdaderamente informa la práctica de un Wiccan es la palabra 'voluntad'.

Todos sabemos lo que es un "deseo". Yo 'quiero' un pedazo de pastel; tu 'quieres' que tu amigo se mejore; nosotros 'queremos' ser ricos. Tu deseo informará tus rituales y trabajo de hechizos, ya que indicará tu objetivo final. Tu 'voluntad' es el poder dentro de ti que te ayuda a alcanzar este objetivo final. Tu voluntad es una energía dentro de ti que te dirigirá hacia el camino que debes seguir. Concentrarse en la voluntad interna desafía al wiccano a actuar de acuerdo con su propósito más elevado. Asumiendo que el wiccano se ha sintonizado con el poder divino de la naturaleza y los elementos, su voluntad es lo que lo dirige a la meta final que está destinada para él. Si te centras en tu voluntad -y no sólo en tus deseos-, todas tus acciones procederán de un lugar espiritual, y estarás en armonía con la naturaleza y la deidad.

Ley Triple

En la Wicca, no hay nadie que te diga lo que puedes o no puedes hacer. Si haces daño a un ex, no habrá nadie que venga a impedírtelo. Sin embargo, los wiccanos creen en la Ley Triple. Esta ley afirma que cualquier cosa que pongas en el mundo volverá a ti tres veces. Por lo tanto, si haces algo bueno, lo bueno volverá a ti. Lo mismo ocurre con las intenciones y la energía negativas. La regla del "triple" no significa necesariamente que vayan a ocurrir tres cosas buenas o tres cosas malas. En cambio, significa que la energía que regrese a ti será tres veces la que lances al universo.

La Wicca gira en torno a ti y a tus elecciones. En última instancia, tus elecciones influirán en el ritmo de tu vida. Así que, si no daña a nadie, sigue tu voluntad. Si perjudica a alguien, prepárate para que tu voluntad te lleve a algún lugar desagradable.

Otras creencias

Por naturaleza, la Wicca es una colección de prácticas y creencias tomadas de otros sistemas religiosos y unidas para construir un arte único. Con las cuatro creencias principales descritas anteriormente como base, muchos wiccanos incorporan otras creencias a su religión con el fin de informar aún más su práctica. Las que se enumeran a continuación son sólo algunas de ellas.

Reencarnación, vida después de la muerte y animismo

Los wiccanos creen en una vida después de la muerte, pero no es tan específica como conceptos como "cielo e infierno" en el cristianismo. Esencialmente, creer en la vida después de la muerte sólo confirma que nuestras vidas no terminan una vez que fallecemos, sino que nuestras almas o espíritus se trasladan a un nuevo lugar. Éste puede ser el lugar de descanso final para nuestras almas, o puede ser una especie de "sala de espera" mientras nuestra alma viaja de una vida a la siguiente. Muchos wiccanos también creen en la reencarnación. Tanto si crees que alguien volverá como planta, como animal o como una nueva persona, creer en la reencarnación es una extensión lógica del ciclo nacimiento/muerte/renacimiento que está presente en las deidades (y en la naturaleza, ya que las deidades están presentes en la naturaleza). Por último, la noción de animismo reconoce que todos los seres vivos del planeta tienen alma o espíritu, no sólo los humanos. Desde los gatos hasta las hojas y los volcanes, en cualquier lugar donde esté presente la deidad se seguirá el ciclo nacimiento/muerte/renacimiento.

Adivinación

La adivinación es el arte de captar mensajes de la energía natural del universo y la capacidad de leer estos mensajes. Los wiccanos suelen utilizar la adivinación para mirar hacia el futuro y buscar respuestas a preguntas apremiantes u orientación para tomar decisiones importantes. Hay varios métodos por los que se puede optar a la hora de practicar la adivinación, pero entre los más comunes están: el tarot, las piedras rúnicas, la taseografía (lectura de las hojas de té) y la quiromancia. La adivinación es una habilidad ocultista que no es exclusiva de la Wicca, pero es una habilidad fácil de aprender para aquellos interesados en probar la magia.

Astrología

Si los wiccanos creen que existe un poder divino en todas las cosas naturales, desde el sol hasta un grano de arena, entonces, naturalmente, este poder divino también existirá en las estrellas y los planetas. La astrología es mucho más que entender la carta del zodiaco, aunque eso también entra en juego. Más bien, los wiccanos creen que las posiciones de las estrellas y los planetas tendrán un efecto en nuestra vida diaria, desde las decisiones personales hasta los acontecimientos mundiales. Esta alineación afectará a tu práctica mágica y a los rituales que elijas realizar en un momento determinado del año. Además, la posición de las estrellas y los planetas en el día en que naciste afectará a tu energía interior y a la energía que pongas en tu práctica diaria.

Numerología

Por último, la numerología es la creencia de que todos los números tienen una energía espiritual o mágica. Cada persona tiene un número específico basado en su fecha de nacimiento y las letras de su nombre, y este número afectará a su energía. Algunos wiccanos optan por cambiar su nombre, eligiendo uno nuevo basado en las propiedades mágicas relacionadas con los números. La correspondencia entre letras y números es la siguiente:

- 1 = A, J, S
- 2 = B, K, T
- 3 = C, L, U
- 4 = D, M, V
- 5 = E, N, W
- 6 = F, O, X
- 7 = G, P, Y
- 8 = H, Q, Z
- 9 = I, R

Puede elegir un número que sea relevante para usted, como su fecha de nacimiento, o simplemente un número por el que se sienta especialmente atraído. A continuación, reduzca esta fecha a un único número. Si, por ejemplo, tu cumpleaños fue el 19/08/1996, tendrías 8+1+9+1+9+9+6 = 43 y luego, 4+3 = 7. Entonces, elegirías una letra correspondiente al número 7 para empezar tu nuevo nombre wiccano, como Grace, Pan o Yule.

También puedes tomar tus números favoritos e intentar crear una combinación única que se corresponda con una palabra. Por ejemplo, si te gustan los números 1, 3 y 7, puedes intentar crear un nombre que incorpore algunas de las letras A, J, S, C, I, U, G, P e Y. Sage, Jack y Gypsy son tres nombres que podrían funcionar en este caso.

Sea cual sea la forma que elijas para establecer tu energía numérica, ésta se manifiesta en forma de rasgos de personalidad y experiencias vitales, de forma similar a los aspectos de la astrología. Los números también son un aspecto significativo de los rituales y hechizos wiccanos.

CAPÍTULO 3: MITOS E IDEAS FALSAS

Antes de seguir avanzando en nuestro viaje como wiccanos principiantes, sería beneficioso hacer una breve pausa y reflexionar sobre algunos mitos comunes y conceptos erróneos que rodean a la Wicca. Algunos de estos conceptos erróneos ya se han tratado en los dos primeros capítulos de este libro, y algunos pueden parecer obvios, pero en cualquier caso, es útil recordar lo que otras personas pueden estar pensando de nosotros y por qué estas cosas que piensan son definitivamente falsas. Esto no quiere decir que debas gritar en la cara de la gente para recordarles lo que es la Wicca, sino más bien utilizar esta información para apoyar conversaciones tranquilas y educadas.

La Wicca es brujería

Vale, en realidad la primera es cierta. A veces. Pero no siempre.

La Wicca es una práctica religiosa que se basa en tradiciones populares, incluida la brujería. Sin embargo, no todas las personas que practican la brujería se rigen por las creencias wiccanas, y no todas las personas que se identifican como seguidores de la religión wicca participarán en los aspectos mágicos o brujeriles de la misma.

Sólo las mujeres pueden ser wiccanas

Esto no es así en absoluto; personas de cualquier sexo pueden practicar la Wicca. Aunque la religión se centra mucho en la energía femenina de los seres humanos y de la naturaleza, esa energía no existe exclusivamente en las mujeres. La energía dual de la deidad -que es femenina y masculina- está presente en todos nosotros.

La Wicca es exclusiva

Siguiendo con el punto anterior, la Wicca no excluye a nadie de la práctica de la religión. Personas de todos los géneros, razas, orientaciones, creencias y orígenes pueden practicarla.

La Wicca tampoco es una religión exclusiva en el sentido de que puede practicarse junto a otras religiones. Se puede ser wiccano y budista, cristiano o agnóstico. Incluso puedes incorporar creencias y prácticas de otras religiones a tu arte wiccano.

Los wiccanos son satanistas

La Wicca se basa en creencias y prácticas precristianas, por lo que ni siquiera reconoce la existencia de Satanás. Esta idea errónea surgió probablemente por las connotaciones negativas que se atribuyen al símbolo del pentagrama, que se utiliza en la Wicca. El pentagrama se ha ganado una mala reputación porque a menudo la cultura pop y los medios de comunicación lo presentan erróneamente como un símbolo satanista. Aunque el satanismo incorpora el pentagrama, el símbolo en sí no es negativo. El pentagrama representa simplemente los cinco elementos: fuego, aire, agua, tierra y espíritu. Con el triángulo superior de la estrella apuntando hacia arriba, el pentagrama representa una energía femenina, y cuando está invertido, representa una masculina. Eso es todo. Sólo es un símbolo satánico cuando lo utilizan los satanistas, y los wiccanos no son satanistas.

La Wicca es una religión antigua

Como descubrimos en el Capítulo 1, la Wicca no se inició realmente hasta las décadas de 1940 y 1950. Se inspira en elementos de religiones y tradiciones antiguas, pero como religión en sí no es antigua.

Los wiccanos sacrifican animales

Esto puede parecer obvio teniendo en cuenta todo lo que hemos aprendido sobre cómo los wiccanos ven la naturaleza, pero definitivamente no incluyen sacrificios de animales en sus rituales. Los animales pueden ser aludidos con símbolos, pero un wiccano nunca causaría daño a un animal para su práctica.

Sobre la aceptación de la fe

Debido a las ideas erróneas que rodean a la Wicca y la brujería, a veces puede dar miedo hablar a la gente de tu religión. Algunos wiccanos utilizan la expresión "salir del armario de las escobas" para indicar que han empezado a contar a la gente que practican la Wicca. Sin embargo, la respuesta a esta "salida del armario" puede no ser siempre positiva. He aquí algunas cosas que puedes hacer para facilitar este proceso:

- Educa tanto a los demás como a ti mismo. Si sabes todo lo posible sobre la Wicca, la moral y las raíces de la práctica, será más fácil explicar lo que estás haciendo a la gente que puede pensar en señoras espeluznantes volando en escobas cuando usas la palabra "bruja".

- Céntrate en el aspecto de "religión basada en la naturaleza" de la práctica. Todo el mundo experimenta y comprende el poder del mundo natural, aunque no lo considere una entidad divina.

- Ponte a ti mismo en primer lugar. Tomar la decisión de practicar la Wicca es una decisión personal, por lo que no necesitas la aprobación de nadie más para practicarla. Por supuesto, sería ideal que las personas más cercanas y queridas respetaran tu fe, pero por encima de todo, estás eligiendo practicar Wicca por ti mismo y por nadie más.

CAPÍTULO 4: ELEGIR UN CAMINO

Hasta ahora, sólo hemos tratado los principios de la Wicca Gardneriana, la primera forma de Wicca organizada. Sin embargo, como también hemos cubierto, las prácticas y creencias wiccanas adoptan muchas formas diferentes. Aunque todas siguen las creencias básicas de la Wicca (las deidades, el poder de la naturaleza y la Rede Wicca), hay diferentes tipos de Wicca que se centran en diferentes elementos específicos.

Por ejemplo, no todos los wiccanos elegirán alabar a la Diosa Triple y al Dios Cornudo. Algunos wiccanos pueden reconocer deidades en otras formas y de otras religiones o mitologías, pero creen en el poder de una deidad de alguna manera. Algunos wiccanos no practican la magia en absoluto. Algunos wiccanos sólo practican la magia cuando están rodeados de otros wiccanos.

Diferentes caminos wiccanos también verán la importancia de los rituales de iniciación de una manera diferente, que también discutiremos brevemente en este capítulo.

Tipos de Wicca

No hablaremos aquí de la Wicca Gardneriana porque esencialmente ya lo hemos hecho, pero basta con saber que fue la primera forma organizada de Wicca y que a menudo ofrece una base para diferentes tipos de Wicca.

Alejandría

Esta es quizás la primera variante de la Wicca que existió tras el establecimiento de la Wicca Gardneriana. Se inició en el Reino Unido en la década de 1960 por Alex y Maxine Sanders y es muy parecida a la Wicca Gardneriana, salvo por dos diferencias clave. La primera es un enfoque en la polaridad de género, lo que significa reconocer una clara diferencia entre las energías masculinas y femeninas en las deidades y en los practicantes. La segunda es que la Alejandrina se considera "menos estricta" que la Wicca Gardneriana en sus creencias y rituales. El enfoque alejandrino de la religión y la brujería es básicamente "si funciona, úsalo". Los aquelarres alejandrinos se reúnen en luna llena, luna nueva y en las fiestas del Sabbat.

Celta/Faeria

La Wicca Celta toma los principios básicos de toda la Wicca e incorpora -como su nombre indica- elementos de la mitología celta, como las deidades y los festivales estacionales. La Wicca Celta enseña un intenso amor y respeto por la tierra y se centra en las propiedades mágicas de las plantas, piedras, hierbas, árboles, etcétera. La Wicca celta también reconoce la existencia de "fae", criaturas mágicas como hadas, gnomos y duendes.

La Wicca Faérica es una rama de la Wicca Celta que se centra únicamente en la existencia de hadas en lugar de otras deidades. Ambos tipos de Wicca pueden practicarse en solitario, y puedes iniciarte en la práctica por ti mismo.

Seax

Seax Wicca no trata de sexo. Es un camino wiccano que se inspira en las prácticas, creencias e iconografía paganas anglosajonas. Seax Wicca fue fundada en los EE.UU. en la década de 1970 por Raymond Buckland y fue el primer tipo de Wicca que se practicó en América. *El* libro de Buckland *The Tree: Libro Completo de la Brujería Sajona* es considerado como la escritura seguida por todos los Wiccanos Seax. También reconocen y alaban a la Diosa Triple y al Dios Cornudo, pero se refieren a ellos como Freya y Woden, respectivamente. La Wicca de Seax es una práctica basada tradicionalmente en aquelarres con Sumos Sacerdotes y Sacerdotisas elegidos democráticamente cada año. Sin embargo, también puede practicarse en solitario.

Dianic

La Wicca Diánica es una rama feminista de la Wicca que en su mayor parte está reservada a las mujeres wiccanas. Es esencialmente lo mismo que la Wicca Gardneriana y Alejandrina, pero da un enfoque adicional a la Diosa y a la energía femenina de la Tierra. La principal deidad que alaban es la diosa romana Diana Cazadora, y a menudo practican la meditación y la visualización como un aquelarre, junto con su trabajo de hechizos. Tradicionalmente, sólo las mujeres practican la Wicca Diánica, pero existe una rama de este camino conocida como Wicca Diánica McFarland, que acepta practicantes de ambos sexos.

Odyssean

Inspirado en el poema épico griego *La Odisea* de Homero, este camino enfatiza la noción de que la propia vida es un viaje espiritual. La Wicca Odiseica es interesante porque es una de las únicas religiones wiccanas que ofrece un ministerio público. Eso significa que cualquiera que lo desee puede asistir a los servicios, rituales y formación, aunque no esté iniciado en el oficio. Sin embargo, no reconoce la idea de que las personas puedan practicar por su cuenta. Se centra muy intensamente en la formación, la iniciación y los grados. Puedes asistir a un servicio o ritual si estás interesado, pero no puedes practicar sin la formación y la iniciación adecuadas.

Otro aspecto interesante de la práctica es que la Wicca Odisea es una práctica de politeísmo devocional multipanteón. Lo que esto significa es que ellos creen que todos los Dioses y Diosas de todos los antiguos panteones y creencias son reales y existen como entidades separadas. Los Odyssean Wiccans son alentados a elegir un pequeño número de deidades para relacionarse y centrarse en su práctica personal y rituales.

Ecléctico

La palabra "ecléctico" significa algo que se inspira en diversas fuentes, y eso es exactamente lo que es la Wicca Ecléctica. Esta es actualmente la senda wiccana más popular, y los que la practican eligen las creencias, rituales y deidades con las que más se identifican. Algunos Wiccanos Eclécticos se reunirán para formar un Coven Ecléctico, pero es definitivamente una práctica que es más popular entre los Wiccanos solitarios.

Otros caminos

Algunos otros caminos wiccanos que no hemos discutido aquí incluyen: Wicca Verde, Wicca Chamánica, Wicca Afro, Wicca Dracónica, Wicca Georgiana y Wicca basada en la Iglesia, por nombrar sólo algunos. Por supuesto, hay nuevos caminos que se desarrollan constantemente a medida que más y más personas comienzan su viaje en la Wicca y forjan nuevos caminos con otros wiccanos. Es importante recordar que no hay una forma "correcta" o "incorrecta" de practicar la Wicca. La forma "correcta" es la que te hace sentir cómodo.

Covens e iniciaciones

Durante la mayor parte de su historia, la Wicca se ha practicado en aquelarres, normalmente en secreto. Un aquelarre es un grupo de brujas o wiccanos que practican juntos y siguen las mismas creencias y enseñanzas. Naturalmente, siempre han existido brujas y wiccanos solitarios, pero antes de que la información estuviera tan ampliamente disponible, la forma más fácil de aprender sobre brujería y wicca era a través de personas que ya la practicaban. Dado que la brujería -o cualquier cosa que se perciba como tal- solía considerarse tabú e incorrecta, no siempre era fácil unirse a un aquelarre. Para empezar, tenías que saber que el aquelarre existía, y a menudo tenías que ser invitado o aceptado en el aquelarre por los miembros existentes en forma de iniciación.

A veces, tendrás que pasar por algún tipo de entrenamiento y lecciones antes de ser iniciado, para asegurarte de que realmente sabes en qué te estás metiendo y cuáles son las creencias y prácticas del aquelarre. Los rituales de iniciación varían de un aquelarre a otro y, a veces, es posible que tengas que pasar por varias iniciaciones a medida que progresas en tu práctica. Un coven a menudo elegirá un Sabbat o Esbat específico como la fecha para cualquier iniciación basada en las deidades que alaban o la energía que desean canalizar.

¿Es necesario unirse a un aquelarre?

En pocas palabras, no.

Hoy en día, la mayoría de los wiccanos practican por su cuenta de todos modos. Una vez que hayas identificado los aspectos de la Wicca que te interesan, estarás esencialmente listo para comenzar tu práctica. Lo importante es que te sientas cómodo con lo que estás haciendo y te sientas seguro en el espacio en el que estás practicando. Si deseas autoiniciarte, podrías identificar una festividad Pagana en particular como el día para comenzar tu práctica y una deidad específica hacia la que dirigir tu energía.

Si tienes otros amigos wiccanos, podéis fundar vuestro propio aquelarre ecléctico y practicar juntos, siempre que vuestras creencias e intereses coincidan. También puedes buscarte un "círculo", que es la versión más informal de un aquelarre. Piensa en un círculo como un grupo de discusión, como un club de lectura, pero para la Wicca. Podrías reunirte con tu círculo para hablar de cosas nuevas que hayas aprendido, escribir conjuros juntos e incluso experimentar con algo de magia si te sientes cómodo.

Si no conoces a otros wiccanos pero quieres encontrar gente con quien practicar, no es tan difícil encontrar aquelarres y círculos como crees. Podrías asistir a festivales paganos o tiendas espirituales de tu zona y hablar con los organizadores; ellos podrían indicarte grupos de brujas y wiccanos practicantes.

Por supuesto, gracias a la magia de la tecnología, también puedes encontrar un aquelarre o círculo en línea al que unirte. Muchos foros en línea, sitios web y tecno-wiccanos que utilizan plataformas como Facebook y YouTube suelen ofrecer apoyo a los nuevos wiccanos. A veces también organizan rituales de grupo en línea, que puedes seguir desde tu casa.

CAPÍTULO 5: LA RUEDA DEL AÑO

El calendario pagano no iba por meses porque, cuando se creó, los meses aún no existían. En su lugar, su calendario adoptaba la forma de un círculo o una rueda. La Rueda del Año se divide en cuatro trimestres, uno para cada estación. Los wiccanos siguen la Rueda del Año como base de su práctica y celebran las fechas clave como fiestas religiosas. El calendario wiccano puede dividirse en dos grupos separados de fiestas: Sabbats y Esbats. Los Sabbats están marcados en la Rueda del Año, pero los Esbats no. Sin embargo, muchos wiccanos se refieren a una Segunda Rueda para llevar la cuenta de las lunas llenas.

A lo largo de las cuatro estaciones, la Rueda cuenta una historia mítica sobre la relación entre la Diosa y el Dios; el Dios, como el Sol, nace, se fortalece y, finalmente, muere para renacer de nuevo. También sigue los ciclos agrícolas, cruciales para la supervivencia de la vida y las comunidades rurales. Los Esbats hacen lo mismo para seguir el viaje de la Luna y la Diosa, en su recorrido entre luna creciente, llena y oscura.

Los Sabbats

Los Sabbats son fiestas paganas que todos los wiccanos celebran. Estas fiestas siguen el cambio de las estaciones y el viaje del sol alrededor de la tierra. Están dedicadas a la deidad masculina en la forma del Dios Sol. Al estar vinculadas al cambio de las estaciones, las fechas en las que se celebran estas fiestas varían en función de si te encuentras en el hemisferio norte o en el sur. En función de lo alto o bajo que esté el Sol en el cielo, algunos Sabbats se consideran "mayores" o "menores" por la cantidad de energía que nos proporciona. A continuación encontrará una lista de todos los Sabbats, las fechas en las que se celebran en ambos hemisferios y un breve resumen de las cosas que puede hacer para celebrar la festividad.

Yule (Sabbat menor)

- También se conoce como solsticio de invierno.
- Cae del 20 al 23 de diciembre (norte) y los mismos días en junio (sur).
- Es cuando el sol alcanza el punto más meridional del cielo, por lo que es el día más corto y la noche más larga del año.
- Yule es una celebración de la luz en medio de una época de oscuridad, ya que después los días se vuelven más largos y luminosos.
- Es el momento de prepararse para la renovación y los nuevos comienzos, y muchos wiccanos aprovechan esta época para planificar el año venidero.
- El festival de Yule es en realidad el precursor pagano de la fiesta cristiana de Navidad, y muchas celebraciones de Yule son similares a las navideñas. Durante Yule, puedes utilizar hierbas, plantas y aromas de temporada en tus rituales y para decorar tu altar. Algunos ejemplos son el pino, la hiedra, el muérdago, el acebo, la canela, el clavo y la nuez moscada.

Imbolc (Sabbat mayor)

- También se conoce como Día de Brígida o Candelaria.

- Cae el 2 de febrero o el 2 de agosto.

- En este día celebramos que la tierra empieza a calentarse. Aún no es primavera, pero ya no estamos en pleno invierno.

- Imbolc es un tiempo para limpiar y depurar nuestros espacios y nuestras energías, mientras nos preparamos para que una nueva vida pueble la tierra.

- Este es un momento popular para las iniciaciones, ya sean autoiniciaciones para wiccanos solitarios o en aquelarres eclécticos que no tienen necesariamente un día específico para la iniciación.

- Entre los ingredientes que puedes utilizar para los rituales en esta época se encuentran las flores silvestres, las semillas de amapola, las semillas de girasol y la avena.

Ostara (Sabbat menor)

- También se denomina equinoccio de primavera.

- Cae el 19-22 de marzo o los mismos días de septiembre.

- En este momento, el día y la noche están perfectamente equilibrados y tienen la misma duración, por lo que es un buen momento para practicar también el equilibrio en nuestras vidas.

- Ostara tiene que ver con la fertilidad y el crecimiento, así como con el cuidado y la nutrición. Esto puede referirse tanto a los animales y la naturaleza como a nosotros mismos. Es un buen momento para comprobar tus progresos y reflexionar sobre cualquier práctica a la que no hayas prestado suficiente atención.

- La diosa Ostara suele representarse en forma de liebre, y esta época se dedica a celebrar la fertilidad de los animales de granja, por lo que son muy populares las imágenes de huevos, corderos y conejos (similar a lo que ocurre durante la Pascua).

- Algunas hierbas, plantas y aromas beneficiosos para los rituales en este momento son el limón, los lirios, las fresas, la rosa y la lavanda.

Beltane (Sabbat mayor)

- También se conoce como Primero de Mayo.

- Cae del 30 de abril al 1 de mayo o en los mismos días en octubre y noviembre.

- Beltane tiene lugar en plena primavera y gira en torno a la fertilidad, la sexualidad y la pasión.

- Se trata de una fiesta especialmente pagana, y muchas culturas no wiccanas celebran el Primero de Mayo bailando alrededor de un palo de mayo que se considera un símbolo fálico.

- Beltane celebra la fertilidad y la sexualidad de las personas y el amor que las une, pero también la fertilidad de la tierra y los dones que nos da. Por este motivo, puedes utilizar todas las flores y hojas de temporada a las que tengas acceso en tus rituales y en tu altar.

Litha (Sabbat menor)

- También se celebra el solsticio de verano.

- Cae del 20 al 24 de junio o los mismos días de diciembre.

- Como marca el comienzo del verano, Litha tiene lugar el día más largo y la noche más corta del año. En este día, celebramos que la luz está en su apogeo antes de volver a la oscuridad en los próximos meses.

- Litha se celebra justo antes de la cosecha.

- Como el sol está en su punto álgido, también significa que tiene la energía más fuerte en este momento, así que realiza cualquier ritual que requiera mucha energía, como el trabajo onírico.

- Litha es el momento perfecto para trabajar con hadas, ya que también estarán fuera disfrutando del sol.

- En tu altar y en rituales, puedes utilizar cítricos, salvia, pimentón y miel.

Lammas

- También se llama Lughnasadh.

- Cae el 1 de agosto o el mismo día de febrero.

- Es una celebración de la cosecha y de todos los dones que la tierra nos ha proporcionado.

- Navidad es un buen momento para hacer tu propia escoba con los restos de maíz, caña o trigo de la cosecha.

- El pan y la repostería son una parte fundamental de la celebración de la cosecha como forma de agradecer la generosidad de la naturaleza.

- Si es posible, intenta utilizar productos locales y de cosecha propia, tanto en tus comidas diarias como en tus rituales y hechizos durante este tiempo.

Mabon

- Esto ocurre en el equinoccio de otoño.

- Cae del 21 al 24 de septiembre o los mismos días de marzo.

- Durante Mabon, el día y la noche vuelven a ser iguales, y después de esto, empezamos a perder la luz. Aprovechamos este momento para dar las gracias al verano y al sol por la energía y los productos que nos ha proporcionado.

- Es un buen momento para atar cabos sueltos a medida que nos acercamos al invierno y al final de la temporada de cosechas. Los hechizos más populares durante Mabon serán los de limpieza y preparación de tu casa o espacio personal.

- En tu altar y en los rituales, debes intentar utilizar las hojas, los pinos y las bellotas que caen de forma natural de los árboles durante el otoño.

Samhain

- A veces también se denomina Halloween.

- Cae el 31 de octubre y el 1 de noviembre o el 30 de abril y el 1 de mayo.

- Es el último Sabbat de la Rueda del Año y un momento de celebración antes de la llegada del invierno.

- Durante Samhain, el velo entre los reinos de los vivos y los muertos es más delgado, por lo que es un buen momento para practicar hechizos que tengan como objetivo contactar con los muertos.

- Es un momento para celebrar a nuestros seres queridos que han fallecido y reconocer que no hay vida sin muerte, al igual que no hay luz sin oscuridad.

- Samhain también es un buen momento para practicar la adivinación.

- Los alimentos más populares en esta época son el maíz, las manzanas y la calabaza. En tus rituales, puedes utilizar romero, menta, canela y ajo.

Los Esbats

Los Esbats se celebran aproximadamente cada 29 o 30 días, coincidiendo con la luna llena de cada mes. Hay 12 Esbats, uno por cada mes. Así como los Sabbats alaban la energía del sol y la deidad masculina, los Esbats hacen lo mismo con la luna y lo femenino. Los nombres de estas lunas variarán según el camino wiccano que sigas, y todas tienen varios nombres, así que no te sorprendas si ves que se refieren a ellas de otra manera en otras fuentes. En realidad, conocer el nombre de la luna no es tan importante como saber lo que representa y cómo celebrarla.

Enero

- La luna fría

- Céntrate en promover la individualidad y dar forma a tu propia y única práctica wiccana.

- Presta atención a la comunicación y utiliza tu trabajo de hechizos para fomentar una mejor comunicación contigo mismo, con tus deidades y con las personas con las que te encuentras a diario.

Febrero

- La luna que acelera

- Es el momento de mirar hacia delante y hacer planes.

- La luna de febrero favorecerá la adivinación y el acercamiento al lado espiritual de la vida en busca de señales.

Marzo

- La luna de tormenta

- Concéntrate en tu temperamento durante esta luna y practica la paciencia en tus rituales y hechizos.

- Utiliza este tiempo para reconciliar cualquier vínculo dañado en tu vida personal, y tal vez ofrecer una disculpa a alguien a quien hayas hecho daño.

Abril

- La luna de viento

- La energía de la luna de abril te ayudará en la manifestación de tus objetivos, por lo que la meditación y la visualización serán efectivas este mes.

- También es un buen momento para centrarse en el coraje y en cualquier indicio de terquedad que pueda estar impidiéndole alcanzar sus objetivos.

Mayo

- La luna en flor

- Utiliza tus hechizos y rituales para centrarte en tu potencial y fomentar tu crecimiento. Esto podría ser en una habilidad en particular o en cualquier elemento de tu personalidad que pueda carecer de madurez.

- La luna de mayo también dará poder a la fertilidad.

Junio

- Sol Luna

- Fíjate en qué aspectos de tu vida necesitan algún tipo de cambio y dirige tu energía hacia ellos.

- Junio trata de la transformación en cualquiera de sus formas; debes manifestar o desterrar, aumentar o disminuir.

Julio

- La Luna de la Bendición
- Si tiene planes sin hacer, julio es el momento de ponerlos en marcha.
- Utiliza tus hechizos y rituales para fomentar la productividad en los próximos meses de invierno.

Agosto

- La luna de maíz
- Este es un momento para limpiar y depurar, tanto tu energía personal como tu espacio físico.
- Prepárese para una época de soledad y fomente un enfoque pacífico de los meses más fríos.

Septiembre

- La luna de la cosecha
- Céntrate en construir unos cimientos sólidos en tus relaciones con todas las personas de tu vida (incluida tu relación contigo mismo).

- Es el momento de promover el amor en todas sus formas.

Octubre

- La luna de sangre

- Fomenta el equilibrio y la justicia con tus rituales y hechizos, y concéntrate en los elementos de tu vida que parecen estar desequilibrados.

- La luna de octubre dará fuerza a las prácticas adivinatorias y facilitará la comunicación con el mundo de los espíritus.

Noviembre

- La luna de luto

- Libera cualquier emoción que te haya estado impidiendo alcanzar tus objetivos personales o ser tu mejor yo.

- Destierra cualquier energía negativa que se apodere de tu mente o de tu espacio.

Diciembre

- La larga noche de luna

- Prepárate para el próximo año y concéntrate en equilibrar tu vida interior y exterior.

- Prepárate para que las verdades externas salgan a la luz, mientras los demás también se preparan para el próximo año.

Nota sobre el Sol y la Luna

El Sol y la Luna son figuras muy prominentes en la Wicca. Obviamente, son considerados como representantes del Dios y la Diosa, pero si eliges no alinear tu práctica Wicca con la existencia de estas deidades, todavía hay beneficios en observar los Sabbats y Esbats. En un nivel puramente físico, el sol y la luna tienen un efecto esencial en la forma en que funciona nuestra tierra, y reconocer los poderes naturales del universo está en el corazón de cualquier religión wiccana o pagana.

Además, marcar fechas específicas en tu calendario para observarlas como días festivos nunca está de más. Los Sabbats Wiccanos son un momento para celebrar en cualquier capacidad. Puedes celebrarlo organizando una gran fiesta llena de música y pasteles, o puedes simplemente tomarte un momento para encender una vela y reflexionar sobre tu viaje hasta este momento.

Los Esbats no se consideran días festivos, sino que sirven como marcadores para guiar tu práctica. A medida que progreses en tu viaje wiccano, aprenderás cómo cada luna diferente afectará a tu práctica. Hasta entonces, puedes consultar nuestra lista si buscas algo de inspiración o una simple sugerencia sobre en qué tipo de magia centrarte a continuación.

Mientras aún estás descubriendo tu propio camino y practicando como wiccano principiante, intenta no obsesionarte demasiado con el nombre de cada luna o las formas específicas de celebrar cada Sabbat. Simplemente utiliza la Rueda del Año y el viaje de la luna para ayudarte a estructurar tu práctica.

CAPÍTULO 6: LA PRÁCTICA DE LA WICCA

La magia ritual wiccana se presenta en varias formas, entre las que se incluyen el trabajo con hechizos, la adivinación, la elaboración de pociones y la magia mental, como la telepatía. El capítulo 7 de este libro te introducirá a los fundamentos de la magia wiccana, así como un par de hechizos para principiantes para que pruebes. Sin embargo, antes de dirigirnos allí, es importante tener una comprensión básica de las herramientas que podrías necesitar tener a mano.

Herramientas

La siguiente lista puede sonar como un montón de cosas a tener en cuenta antes de comenzar su propio viaje, pero es útil saber lo que usted puede ser que desee incorporar en su propia práctica. Todas estas herramientas son tradicionales y útiles en la magia wiccana, pero no todas son necesarias. Además, conseguir algunas de estas herramientas es tan sencillo como comprar una taza nueva o coger un palo del jardín.

Empecemos por las herramientas clave.

Athame

Un athame es una espada o un cuchillo ritual, pero nunca se utiliza para cortar nada. El athame se utiliza para dirigir la energía en rituales, como lanzar un círculo o cortar algo metafóricamente si se está trabajando un hechizo para cortar una atadura o liberar algo. Suele tener un mango negro y una inscripción en la hoja (que puede ser roma). Puede ser de madera, piedra, cristal o metal, y se puede decorar como se desee. A menudo se sugiere tener otro cuchillo en el altar para cortar hierbas y cuerdas.

Varita

Si no te sientes cómodo utilizando un athame en tus ceremonias, una varita sirve para el mismo propósito. Suele ser de madera o piedra, con forma de cilindro cónico más ancho en el extremo que se sujeta, y también se puede decorar e inscribir. Elegir entre una varita y un athame suele ser una cuestión de preferencia personal. Sin embargo, si eliges trabajar con hadas en tu oficio, se recomienda una varita.

Cáliz

Un cáliz es una copa que se utiliza específicamente en tu altar y sólo para ceremonias wiccanas. Puede ser una copa ornamentada y cara o una simple taza de la tienda de segunda mano. Lo importante es que no se haya utilizado para otra cosa que no sean ceremonias wiccanas. El contenido del cáliz -la mayoría de las veces vino o agua- suele utilizarse como ofrendas simbólicas para las deidades.

Caldero

Olla que se utiliza para contener y quemar objetos, como agua, aceites, papeles y hierbas. Suele ser de hierro fundido y tiene tres patas para poder colocar debajo una fuente de calor. Sin embargo, se puede utilizar cualquier tipo de olla o recipiente siempre que sea capaz de soportar el calor. Es muy importante que el caldero se limpie a fondo después de las ceremonias, hechizos y rituales para evitar contaminar el siguiente ritual.

Escoba

No, las escobas no son un medio de transporte volador para las brujas. Una escoba se utiliza para barrer la energía negativa y no deseada de un espacio antes de lanzar un círculo. Puedes fabricar tu propia escoba con madera, ramitas y cuerda, o comprar una. Si la compras, asegúrate de que esté hecha sólo de materiales orgánicos, ya que los materiales sintéticos, como el pegamento y el plástico, pueden inhibir el flujo de energía.

Velas

Las velas se utilizan para una gran variedad de cosas en la práctica wiccana. Pueden utilizarse para representar el elemento del fuego, para representar la energía de un color específico o simplemente como fuente de calor.

Muchos wiccanos optan por tener dos velas específicas para representar las energías masculina y femenina. Estas velas se colocan a la izquierda y a la derecha del altar respectivamente y suelen ser de un color oscuro (azul, gris o rojo) para la energía masculina y de colores más claros (dorado, blanco o rosa) para la femenina.

Herramientas de adivinación

Si practicas la adivinación, te resultará útil tener tus herramientas en el altar. Estas herramientas pueden incluir cartas de tarot, tazas de té y hojas, runas, una bola de cristal o un espejo de adivinación. La adivinación es un aspecto de la Wicca que no todos los wiccanos practican, pero está creciendo en popularidad.

Otros

En realidad, puedes configurar tu altar para que incluya cualquiera de las herramientas y elementos clave que utilizas en tu práctica. Algunas cosas, como el agua y la sal, no tienen por qué estar en el altar, pero es más cómodo tenerlas allí.

Otros objetos que puedes tener en tu altar son cristales, salvia, incienso, campanas, un pentagrama, hierbas, estatuas, papel y bolígrafo, aceites esenciales y tu Libro de las Sombras.

Libro de las sombras

Un Libro de las Sombras es un libro wiccano escrito a mano que contiene textos religiosos, instrucciones para rituales, información sobre creencias y valores, y hechizos para ser practicados. En un aquelarre, habrá un Libro de las Sombras colectivo al que todos los miembros harán referencia. Los miembros de un aquelarre a veces escribirán sus propias copias para referencia personal, pero su propia copia no variará en modo alguno de la aprobada por los fundadores o el Sumo Sacerdote o Sacerdotisa. Un Libro de las Sombras colectivo que se transmite en aquelarres y familias a veces también se llama Grimorio.

En la Wicca ecléctica y solitaria, un Libro de Sombras es mucho más personal y a veces actúa más como un diario que como un texto sagrado. Puedes usar tu Libro de las Sombras para recopilar la sabiduría mágica que encuentres, información sobre las propiedades de hierbas y plantas específicas, hechizos que estés aprendiendo o en los que estés trabajando, y mucho más. Para los wiccanos eclécticos y solitarios, un Libro de las Sombras se considera algo extremadamente personal, y no hay muchas reglas cuando se trata de hacer el tuyo propio. Una buena forma de empezar tu Libro sería escribir un hechizo de protección y el Rojo Wiccano -o cualquier otro código moral- en las primeras páginas. Después, puedes rellenar el resto con tu propia escritura e investigación, así como con algunos dibujos. No es necesario que lo rellenes todo de una vez; al igual que un diario, puedes añadir más cosas a tu Libro de las Sombras a medida que aprendas y crezcas en tu oficio. Deberías tener tu Libro de las Sombras en tu altar con tus otras herramientas wiccanas, sobre todo por comodidad. Tu Libro de las Sombras, obviamente, puedes llevarlo contigo -de nuevo, se trata de un objeto personal-, pero mantenerlo en tu altar significa que nunca olvidarás dónde está.

Altares y círculos

Seguimos diciendo "en tu altar" una y otra vez, pero ¿qué significa eso exactamente? Básicamente es una superficie que se considera sagrada y que sólo se utiliza para rituales y objetos wiccanos. Puede ser cualquier cosa, desde una mesa grande a un pequeño estante en la pared, o incluso un área marcada en el suelo o un estante dentro de un armario. Un altar se utiliza para todas las formas de magia wiccana y la reflexión, y al igual que el Libro de las Sombras, es un aspecto muy personal de su práctica. Puedes montar y decorar tu altar como quieras, utilizando cualquiera de las herramientas que acabamos de repasar y otras imágenes y símbolos que consideres relevantes. Un altar puede ser un montaje permanente que siempre esté en su sitio, o puedes crear uno temporal cuando lo necesites.

Un círculo -a diferencia de un altar- no es algo que se establezca constantemente. Crear un círculo es generalmente el primer paso en cualquier ritual wiccano, e incluye establecer un perímetro de energía a tu alrededor antes de continuar con el ritual. De nuevo, entraremos en más detalles sobre este tema en el próximo capítulo, pero para proporcionar una introducción general: El círculo ayuda a enfocar tu energía Wicca y mantenerla dirigida a tu tarea en cuestión. También aleja de ti cualquier energía negativa o no deseada mientras trabajas. Puedes marcar el círculo con cosas como sal, tiza, piedras, velas, hierbas o cristales, y desde el momento en que lo lanzas, hasta que lo cierras al final de tu ritual, se considera un espacio sagrado. Por lo general, su círculo se lanzará delante y alrededor de su altar, ya que ambos espacios se utilizan en el trabajo de los rituales y la magia.

CAPÍTULO 7: HACER MAGIA

La magia es esencialmente la capacidad de manipular el mundo físico que te rodea, generalmente mediante acciones rituales. La palabra "físico" puede ser un poco confusa porque a veces la magia puede producir resultados abstractos, como un cambio en los sentimientos. Sin embargo, estos cambios metafóricos afectarán al mundo físico y a aquellos de nosotros que lo habitamos, que es la razón por la que esa palabra se está utilizando aquí. Para realizar estas manipulaciones, necesitamos recurrir a nuestra voluntad, tal y como se explica en el Capítulo 2. Concentrarnos en nuestra voluntad y dirigirla para manipular el mundo físico requiere una cantidad significativa de energía.

Antes de dar el siguiente paso y probar un hechizo, es importante que comprendas algunos principios y técnicas básicos.

Principios básicos

Energía

Lo más importante es saber que la energía que estás utilizando no es tu propia energía. Además, esta energía es neutra; no es ni positiva ni negativa. Tu voluntad y la forma en que elijas dirigir esta energía neutra afectarán al resultado de la transformación pretendida.

La energía existe a nuestro alrededor, en todas las cosas y en todas las personas. Esta energía es la energía divina de la que hemos hablado antes en este libro y que las deidades dan a la Tierra. Acceder a esta energía divina requiere cierta fuerza mental. Al igual que con la fuerza física, hay que ejercitarla y entrenarla. También es necesario calentar para evitar la tensión mental, lo que significa que no se puede ir directamente a un ritual o hechizo.

Conexión a tierra

Antes de empezar un ritual, muchos wiccanos empiezan practicando algo llamado "enraizamiento". Esto tiene dos aspectos; el primero es "sacudirse" la energía negativa o no deseada, y el segundo sería sintonizar con tu entorno para acceder a la energía divina que te rodea. La forma en que elijas sacudirte la energía negativa es totalmente personal. Puedes sacudírtela físicamente, hacer algo de yoga o ejercicio físico, o dedicarte a la meditación o a ejercicios de atención plena. Incluso el simple hecho de ducharte o comer algo puede ayudarte a sentirte con los pies en la tierra. Si te sientes cansado o te falta tu propia energía personal, el enraizamiento te ayudará a acceder mejor a la energía de la Tierra y a dirigirla adecuadamente.

Blindaje

Una vez que te sientas conectado a tierra, tienes que dirigir tu energía correctamente. De lo contrario, podrías acabar enviando tu energía por todas partes. Para dirigir esta energía, necesitas poner algunos límites, lo que también se conoce como el acto de apantallar.

Escudo" es básicamente la creación de una barrera a tu alrededor, mientras que la práctica de la magia ritual, que le ayuda a controlar lo que las energías impacto de su práctica. Esta barrera puede ser metafórica -establecer un escudo mental contra las influencias negativas- o puede ser física. Aquí es donde entra en juego el acto de formar un círculo. Para refrescar la memoria, los wiccanos trazan un círculo alrededor de sí mismos y de sus altares como primer paso de cualquier ritual mágico. El círculo se puede dibujar completamente en el suelo con sal o tiza, o simplemente se pueden marcar los cuatro puntos cardinales -también llamados los cuartos- con objetos como cristales o velas. Marcar los cuatro cuartos es importante porque cada dirección corresponde a un elemento específico: este para el Aire, sur para el Fuego, oeste para el Agua y norte para la Tierra.

Una vez dibujado el círculo, "invoca" o "llama" a los cuartos a la acción para activar sus cualidades protectoras y creativas. Puedes hacerlo caminando alrededor del círculo y deteniéndote junto a cada cuarto, señalando los cuartos con tu athame o varita, o realizando un mini-ritual en cada cuarto utilizando una herramienta que se corresponda con el elemento apropiado. Una vez que hayas llamado a los cuartos a la acción, también puedes invocar a las deidades e invitarlas a unirse a tu ritual para apoyarte o ser testigos de tus ofrendas. Esto puede hacerse simplemente con palabras -poesía o verso- pronunciadas en voz alta.

Una vez más, la forma en que decida protegerse es una cuestión de preferencia personal y dependerá también de los objetos y el espacio de que disponga.

Visualización

Por último, la visualización es una técnica que los wiccanos utilizan a menudo para apoyar la dirección y el flujo de su energía.

La idea es que tienes que transformar tus pensamientos de palabras en imágenes, porque las imágenes suelen ser más impactantes y darán más fuerza a tu energía.

Si piensas en el aspecto visual de algo -en lugar de limitarte a pensar en su nombre- tendrás una idea más clara de lo que pretendes. Pensar en el aspecto del mar es más eficaz para tu memoria que pensar sólo en la palabra "mar". Visualizar tu planta creciendo es más efectivo para tu hechizo de crecimiento.

Para reforzar tu capacidad de visualización, lo único que tienes que hacer es entrenarte para pensar en imágenes. Aquí tienes un ejemplo de ejercicio que puedes realizar para entrenar tu cerebro.

Sostén algo delante de ti, como un llavero o este libro, y míralo de cerca. Siéntelo también. Examina los colores, las texturas, cómo se siente en tus manos, a qué huele, y capta todos los detalles que puedas. Ahora, déjalo, cierra los ojos e intenta recordar esos detalles. Intenta recrear el objeto en tu memoria, desde la forma y el color hasta el peso y el olor. Cuando los detalles desaparezcan de tu mente, abre los ojos y vuelve a mirarlo. ¿Hasta qué punto lo has recreado?

Repite este ejercicio con este objeto hasta que te sientas seguro de tu capacidad para visualizarlo, y luego pasa a otro. Si te sientes muy seguro, puedes intentar memorizar y visualizar varios objetos a la vez. Luego, puedes hacerlo con toda tu habitación o con una persona o animal.

Hechizos de muestra

Ahora que tienes una comprensión clara de los principios, creencias y prácticas de la Wicca, puede que sea el momento de que pruebes un poco de magia real. Recuerda que no necesitas practicar la magia y la brujería para practicar la Wicca; simplemente puedes aplicar los principios religiosos y morales clave a tu vida cotidiana. Sin embargo, si quieres probar con la magia, aquí tienes tres hechizos fáciles que puedes intentar.

Todos estos hechizos y rituales se pueden practicar por tu cuenta y en tu propio espacio, y requieren herramientas e ingredientes mínimos o de fácil acceso.

Un ritual de purificación

Este ritual es ideal para empezar. No sólo es fácil con un mínimo de herramientas e ingredientes, sino que también funciona para purificar un nuevo espacio que aún no se ha utilizado para la brujería. Este ritual se realiza mejor en la noche de Luna Nueva, ya que es un momento ideal para marcar nuevos comienzos y prepararse para futuras prácticas y planes.

Para este ritual de purificación, todo lo que necesitas es:

- agua
- sal marina
- un plato/platillo plano
- una cucharadita
- incienso de su elección

Llena el platillo de agua. Sumerge el dedo índice de tu mano dominante en el agua y déjalo ahí. Mientras la punta del dedo está sumergida en el agua, visualiza un haz de luz brillante que viaja desde la parte superior de tu cabeza, a través de tu cuerpo, y hacia el agua. Mientras se concentra en dirigir esa luz hacia el agua, recite las siguientes palabras:

Aquí dirijo mi poder, a través de las agencias del Dios y la Diosa,

En esta agua, para que sea pura y limpia Como es mi amor al Señor y a la Señora.

Retira el dedo del plato. Vierte una cucharadita de sal marina en el plato y, con el mismo dedo que antes, remuévelo nueve veces en el sentido de las agujas del reloj. Mientras lo remueves, recita lo siguiente tres veces:

La sal es vida. Aquí está la Vida. Sagrada y nueva; sin luchas.

Ahora, sumerja todos los dedos en el agua purificada y rocíela por todos los rincones de su habitación o del espacio en el que esté practicando. Estos rincones incluyen las esquinas dentro de los armarios y en las estanterías, no sólo las esquinas creadas por las paredes. Mientras la rocías, recita el siguiente cántico. Si lo deseas, también puedes escribir tu propia variante.

Siempre que paso por los caminos, siento la presencia de los Dioses. Sé que en todo lo que hago Ellos están conmigo. Ellos permanecen en mí. Y yo en ellos, para siempre.

Ningún mal será entretenido, porque la pureza es la moradora dentro de mí y a mi alrededor. Por el bien me esfuerzo y por el bien vivo. Amor a todas las cosas.

Que así sea, para siempre.

Por último, quema un poco de incienso y dirígelo hacia todas las esquinas una vez más. Este incienso puede ser una fragancia de tu elección, tal vez una que te tranquilice o que sea relevante para el próximo Sabbat. Mientras esparces el incienso, repite uno de los amuletos anteriores (o escribe el tuyo propio). Una vez que hayas completado este ritual -y cualquier otro que planees realizar- tira el agua purificada en una planta o en algún lugar al aire libre.

Hechizo de bendición espacial

Este hechizo no es tan diferente al primero en términos de intención, pero es un poco más complejo y va más allá de un espacio confinado. La intención con este ritual es bendecir un espacio - como una habitación o una casa entera - y promover el crecimiento de energía positiva dentro de las paredes. Hay un poco más de ingredientes necesarios para este hechizo, pero todos son de fácil acceso. Los ingredientes incluyen:

- hinojo
- albahaca
- aceite de menta
- sal negra (o una mezcla de carbón y sal)
- salvia
- agua
- una fuente de fuego (una vela, un mechero o una cerilla)
- una vela de té
- tu cáliz
- un plato resistente al calor

Empieza colocando la vela de té sobre el plato o dentro de él, pero no la enciendas todavía. A continuación, coloca una ramita de hinojo, una hoja de albahaca, un chorrito de aceite de menta y un poco de sal negra sobre la vela para ungirla. Levanta el plato y llévalo a la entrada de tu casa (o habitación). Enciende la vela de té y recita:

Esta casa es buena, no así su pasado, despeja esta habitación, que dure la felicidad.

Ahora, coloca el plato sobre una superficie de la habitación y aplaude dos veces. Aplaudir servirá para deshacerse aún más de cualquier vibración negativa que persista en el espacio. Repite esta secuencia de cantos y palmadas en cada habitación que desees bendecir. Cuando hayas terminado, vuelve al altar y deja el plato en el suelo. No apagues la vela de té, déjala en el altar para que se consuma. Mientras se quema, puedes mirar fijamente la llama y visualizar la negatividad quemándose junto a ella.

Enciende tu salvia y vuelve a la entrada. Recorre la casa y entra en todas las habitaciones en las que entraste anteriormente. Mientras la salvia arde, recita:

Por los poderes del Fuego y del Aire, limpio esta casa.

Por último, llena tu cáliz con una mezcla de agua y sal. Vuelve a la entrada y, como hicimos en el primer hechizo, rocía el agua en los rincones de tu espacio. Mientras rocías, recita:

Por los poderes de la Tierra y el Agua, limpio esta casa.

Por último, vuelve a tu altar y recita algo parecido a:

Doy gracias a los elementos por bendecir esta casa, que así sea.

Al igual que antes, asegúrese de desechar el agua en una planta, jardín, río o cualquier otra zona al aire libre.

Un amuleto para el dinero

Si has probado los hechizos anteriores y te sientes cómodo pasando a algo más complejo, dale una oportunidad a este amuleto del dinero. Ahora bien, para ser claros, la realización de este ritual no significa que automáticamente entrarás en una cantidad inimaginable de dinero. Sin embargo, promoverá la prosperidad y la abundancia que fomentará la ganancia financiera.

Para este amuleto, necesitarás:

- una vela verde

- aceite de la prosperidad (los detalles sobre esto seguirán el ritual)
- una fuente de fuego
- incienso de pachulí
- algo que representa dinero
- También necesitarás un objeto para imbuirlo de esta energía. Puede ser un colgante que se lleve alrededor de una cadena, un cristal o algo más específico, como un clip para billetes o una moneda.
- Si vas a ungir un amuleto, necesitas menta seca, pachulí y una aventurina verde.

Unge la vela con aceite de la prosperidad y enciéndela junto con el incienso con la misma llama. Coloca en tu altar algo que simbolice el dinero. Puede ser una moneda, un billete de papel, una tarjeta bancaria o una imagen que represente cualquiera de los elementos anteriores.

Unge tu objeto con aceite de prosperidad. Si vas a llevar tu objeto como colgante, pásale una cadena de plata o un cordón negro. Si tu objeto va a adoptar la forma de un amuleto, colócalo dentro de una bolsa verde junto con la menta, el pachulí y la aventurina.

Pasa tu objeto a través del humo del incienso y la vela, y recita: *Que venga a mí la abundancia, que fluyan mis sueños. Que devuelva más de lo que recibo. Que así sea.*

Tómate un tiempo para visualizar la energía divina atravesando el humo y entrando en tu objeto. Da las gracias a tus deidades si las has invocado al principio de tu ritual.

Aceite de prosperidad

Si desea crear su propio aceite de prosperidad, es muy sencillo. Todo lo que necesita es:

- un aceite base como el de oliva, el de semilla de uva o el vegetal
- un aceite esencial como el de menta o pachulí
- menta seca
- pachulí seco
- canela en rama
- pimienta de Jamaica (entera)
- una botella de vidrio que pueda cerrarse

Vierte los aceites y las hierbas en una botella, tápala y agítala. Coloca la botella en el exterior o junto a una ventana por la noche para que se cargue bajo la fuerza de la luna. Agita la botella cada vez que la utilices para asegurarte de que todos los elementos se combinan correctamente.

CONCLUSIÓN

Bien hecho. Ahora deberías tener un buen conocimiento de los principios y prácticas de la Wicca. Desde los orígenes de la religión hasta las formas de probar la magia, hemos cubierto mucho terreno. En serio, hemos cubierto mucho, así que tómate un tiempo para felicitarte por haber llegado hasta aquí. Esto puede ser sólo el comienzo de su viaje como un Wiccan, pero fue un comienzo fuerte. Te has equipado con suficiente información y conocimientos para iniciar tu viaje hacia una fe completamente nueva.

Bien hecho.

Algunas cosas para recordar

Si has entrado en este libro totalmente a ciegas, es comprensible que te sientas ligeramente abrumado. Aquí tienes algunas cosas que debes hacer y tener en cuenta si te sientes así:

- Tómate tu tiempo. No necesitas ir directamente a prácticas y rituales diarios y complicados. Empieza incorporando morales wiccanas sencillas a tus acciones cotidianas o simplemente reconociendo los Sabbats y Esbats cuando sucedan. Tal vez incluso incorporar los ingredientes pertinentes en sus comidas en el día de las fiestas paganas.

- Lee más. Investiga la tradición y la historia de las deidades por las que te sientas atraído. Infórmate sobre las propiedades de las diferentes hierbas, piedras, etc. Decide si quieres alinearte con algún camino wiccano específico o si quieres crear tu propia práctica ecléctica.

- Empieza tu Libro de las Sombras y llévalo siempre contigo. Si tienes algo de tiempo libre, puedes leer las notas que ya hayas tomado, escribir algunos hechizos y cánticos nuevos para familiarizarte con el idioma, o hacer listas de cosas en las que quieras centrarte en los próximos días.

- La Wicca es un viaje personal. Puedes darle forma y moldearla para adaptarla a tus preferencias personales. Esto es, después de todo, lo que Gerald Gardner hizo cuando estableció por primera vez la Wicca en la década de 1950 y lo que muchos otros wiccanos hicieron después de él. Si algo no te parece bien o cómodo, no tienes por qué hacerlo.

- La Wicca no es una cosa de una sola vez. Puedes empezar y parar a medida que avanzas en tu viaje. Puedes empezar siguiendo ciertas reglas y principios y cambiar tu forma de practicar a medida que aprendes más. Puedes practicar la Wicca junto con otras religiones y prácticas cotidianas si lo deseas.

- Recuerda la Rede Wicca, "An ye harm no, do what ye will". Si alguna vez necesitas volver a ponerte a tierra o redescubrir las raíces de la Wicca, vuelve al Capítulo 2 de este libro y dale un repaso para recordarte por qué te alineas con la Wicca en primer lugar y qué creencias te gustaría adoptar.

¿Y ahora qué?

Una buena pregunta con una respuesta realmente sencilla: Sigue practicando.

Sin embargo, si desea una respuesta más específica, le sugerimos que dedique algún tiempo a consolidar los aspectos clave de sus creencias y el camino que desea seguir. Puedes optar por intentar seguir las prácticas específicas de un camino wiccano establecido o simplemente decidir qué elementos quieres incorporar a tu práctica. De nuevo, esto no es algo inamovible, tu práctica puede cambiar -y probablemente cambiará- a medida que aprendas y crezcas. Sin embargo, sería bueno identificar algunas creencias de partida, ya que esto ayudará a darte un sentido de dirección.

A continuación, puedes probar con hechizos más complejos. Si buscas mi nombre en Amazon (Sarah Rhodes), tengo libros dedicados específicamente al trabajo con hechizos que puedes comprar. También puedes probar con la adivinación o trabajar con cristales y piedras. Una vez que te sientas cómodo con el uso de la brujería y la realización de rituales mágicos, puedes pasar a hechizos más complejos.

Espero que hayas disfrutado de esta guía para principiantes sobre la magia wiccana o, al menos, que hayas adquirido una mejor comprensión de esta religión fascinante y diversa. Gracias por leer. Te dejamos con esta breve oración de gratitud hacia ti, lector, y hacia el Dios y la Diosa que nos han guiado mientras explorábamos juntos el mundo de la Wicca.

Señor y Señora, doy gracias, por el sol que calienta y el viento que canta.

Me has dado tanto, que ahora te doy gracias por todas estas cosas.

Que así sea.

Ahora, ve y practica (con) bondad.

Milton Keynes UK
Ingram Content Group UK Ltd.
UKHW022132251124
451529UK00012B/804